DICO DÉCALÉ DES MOTS QUI N'EXISTENT PAS

Cet ouvrage a précédemment paru sous le titre :
Les mots qui manquent aux Parisiens

MIXTE
Papier issu de sources responsables
FSC® C003309
FSC www.fsc.org

Pocket, une marque d'Univers Poche, est un éditeur qui s'engage pour la préservation de son environnement et qui utilise du papier fabriqué à partir de bois provenant de forêts gérées de manière responsable.

ISBN : 978-2-266-24940-9

DICO DÉCALÉ DES MOTS QUI N'EXISTENT PAS

AMANDINE PÉCHIODAT & JEAN-LOUP CHIFLET

Chiflet&Cie

DERRIÈRE UN MOT QUI N'EXISTE PAS, IL Y A TOUJOURS...

... DES AUTEURS

Jean-Loup Chiflet est éditeur et aussi l'auteur d'une soixantaine d'ouvrages parmi lesquels *Sky my husband !*, *Ciel mon mari*, *Oxymore mon amour !* et le *Dictionnaire amoureux de l'humour*. Il est aussi l'auteur, avec Nathalie Kristy, du *Dictionnaire des mots qui n'existent pas.*

Amandine Péchiodat est la plume du site My Little Paris. Elle aime déguster les bons mots et observer ses congénères. Décrypter leurs tics, leurs tocs, leurs phrases fétiches, leurs lubies éphémères... Elle a co-écrit le premier livre de My Little Paris *Le Paris secret des Parisiennes* et créé l'album *Les Parisiens : Ce qu'ils disent, ce qu'ils font, ce qu'ils pensent,* illustré par Kanako, aux Éditions du Chêne.

... DES CO-AUTEURS

Nathalie Kristy et Marie Doyen

… DES ARTISTES

Kanako Kuno, illustratrice de My Little Paris
Aurélie Saint-Martin, directrice artistique de My Little Paris
Héloïse Asselin, graphiste de My Little Paris

… UN ÉDITEUR

Sophie Le Flour

… UN BOOSTEUR

Fany Péchiodat, fondatrice de My Little Paris

… UN ACTEUR

Laurent Azoulay, qui sait mieux que personne incarner en vidéo un mot qui n'existe pas.

… DES SOUFFLEURS

Tuong-An H., Camille A., Camille P., Clémentine L., Denis C., Armelle P., Nathie N., Thibaut V., Sarina L., Benoit D., Raldo C., Laurence G., Marie de P. et Nicolas M.

… VOUS

Qui nous avez inspiré tous ces mots !

3 menus du jour
+ la salade sans tomate
de Christine
+ le clafouti de Dom
+ le verre de rosé d'Ant
+ 3 cafés × 1 demi crè

A

ABIENTÔTER [abiɛ̃tote] *v.*

Dire systématiquement « à bientôt » à des convives après un dîner en sachant pertinemment qu'on ne les reverra jamais.

ADDIVISION [adivizjɔ̃] *n. f.*

Au restaurant, addition qu'on décide finalement de diviser par le nombre de convives, au grand dam de celui qui, par économie, s'est contenté d'une salade, d'un café, et d'une carafe d'eau.

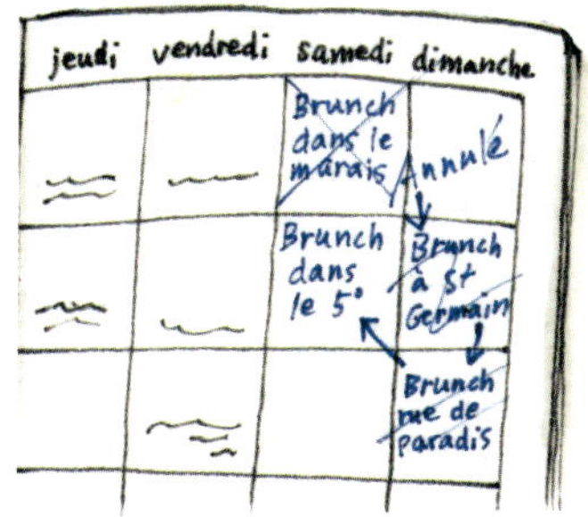

AGENDISER [aʒɑ̃dize] *v.*

Passer 15 minutes entre copines sur l'agenda de son iPhone pour trouver une date qui convienne pour une sortie.

ALIBIDO [alibido] *n. m.*

Ensemble de prétextes (migraine, fatigue, soucis, menstrues, etc.) invoqués pour se dérober au devoir conjugal.

Exemple : Tous les samedis, elle utilisait un alibido différent.

AMINONYME [aminonim] *n.*

Ami ou connaissance dont le nom vous échappe au moment précis où vous devez le présenter à une tierce personne, au cours d'une soirée ou d'un cocktail.

Aïcoudo [ajkudo] n. m.

Art martial traditionnel qui met aux prises deux voisins de sièges, au cinéma ou en avion, dans le but d'obtenir le monopole de l'accoudoir commun.

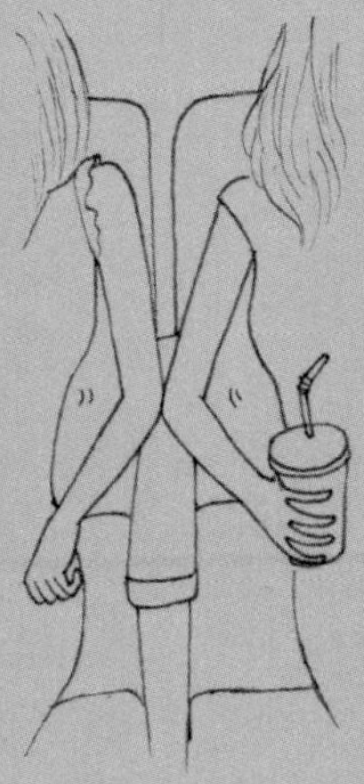

ANGLOMANIAQUE [ãglomaniak] *n.*

Celui qui essaye de caser des mots anglais dans un maximum de phrases et dans un minimum de temps.

Exemple : Je te briefe sur le brainstorm et après tu me débriefes asap.

APHONE [afɔn] *adj.*

Se dit d'un individu paniqué, privé de l'usage de son iPhone à cause d'une panne de batterie.

Exemple :

– Pourquoi tu ne m'as pas répondu ?

– J'étais complètement aPhone.

APLUSSER [aplyse] *v.*

Se quitter en utilisant systématiquement des « À plus ».

ASCENSURE [asɑ̃syr] *n. f.*

Censure implicite qui interdit à l'usager de croiser le regard des autres personnes dans un ascenseur.

AUREREVOIR [orərəvwar] *n. m.*
Malaise survenant lorsqu'on vient de se dire au revoir et qu'on s'aperçoit qu'on va dans la même direction.

AUTOLIBIDO [otolibido] *n. f.*
Utilisation compulsive et maladive de l'Autolib'.

AUTORIRE [otorir] *n. m.*
Autogestion qui consiste à rire de sa propre blague quand elle ne fait rire personne d'autre.

Pour combler

LE SILENCE,

ELLE SE LANÇA

dans un

AUTORIRE

B

BADGENAUDER [badʒənode] *v.*
Lors d'une réunion ou d'un cocktail, bavarder avec quelqu'un qu'on ne reconnaît pas, tout en tentant de déchiffrer discrètement le nom qui figure sur son badge.

BANNI-OUI-OUI [baniwiwi] *n. inv.*
Personne qui a définitivement banni de son vocabulaire le mot « oui » pour le remplacer par « absolument », « parfaitement », « certainement ».

Biscado [biskado] n. m.

Cadeau que l'on vous offre alors que vous avez déjà reçu le même, et que vous n'osez pas l'avouer.

Bobeauf [bobof] *n. m.*

Bobo tellement bobo qu'il en devient beauf.

Bouche-bée-bée [buʃbebe] *adj. inv.*

Se dit de la femme qui ouvre machinalement la bouche en même temps que son bébé lorsqu'elle lui donne à manger à la cuillère.

Bouibouisme [buibuism] *n. m.*

Doctrine qui consiste à rechercher le bouiboui le plus petit, le plus sale, et le moins cher pour le surnommer fièrement « ma cantine ».

Braguéclair [bragеklɛr] *n. m.*

Coup d'œil rapide vers la fermeture de sa braguette pour vérifier qu'elle n'est pas ouverte.

Boudinette [budinɛt] *n. f.*

Robe beaucoup trop petite et que l'on n'aurait jamais dû acheter même si la vendeuse s'obstinait à vous dire qu'elle vous allait comme un gant.

- Pour le brunch, il me reste une place à 18h.

BRUNCHIVERSER [brənʃiverse] *v.*

Échanger 20 SMS et 30 mails pour décider du brunch (prix, menu, quartier) et finir chez soi car tout est complet.

C

CADEAUSTOCKER [kadostoke] *v.*

Stocker les cadeaux de mauvais goût ou reçus en doublon afin de les ré-offrir à une autre victime.

CAFÉRUCTATION [kaferyktasjɔ̃] *n. f.*

Borborygmes qu'émet une cafetière électrique pour vous avertir que le café est prêt.

CAFÉTASTROPHE [kafetastrɔf] *n. f.*

Café infect servi par un garçon de café qui tire la tronche.

CAVIBOBARD [cavibobar] *n.*

Invité qui achète une bouteille de vin au supermarché avant d'aller à un dîner, et qui fait croire qu'elle vient d'un « petit caviste dont il a le secret ».

CATASECONDE [katasekɔ̃d] *n. f.*

Laps de temps très court pendant lequel la main claque la porte de l'appartement, tandis que la tête se souvient tout à coup que les clés sont restées à l'intérieur.

CATASTROBE [katastrɔb] *n. f.*

Drame qui survient en plein mariage, lorsqu'une femme découvre effondrée qu'une invitée porte la même robe qu'elle.

- La garce !

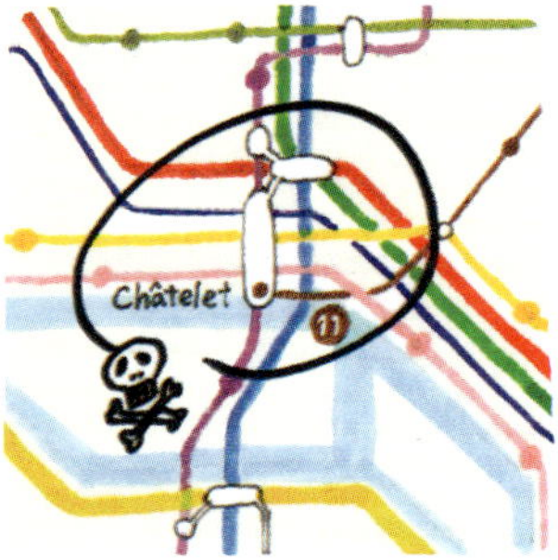

CHÂTELÉPOUVANTE [ʃatəlepuvɑ̃t] *n. f.*

Panique qui gagne le Parisien quand il s'aperçoit qu'il doit changer de métro à Châtelet.

CHEF DE RÂLE [ʃɛf dœ ral] *n.*

Râleur notoire qui est toujours à la recherche de complices pour se plaindre de tout à la moindre occasion.

CINTROPHOBIE [cɛtrofobi] *n. f.*

Flemme soudaine qui pousse la shoppeuse à abandonner le tas de vêtements qu'elle vient d'essayer dans la cabine d'essayage, sans les remettre sur les cintres.

Exemple : Prise de cintrophobie, elle abandonna 7 robes et 13 chemisiers devant le regard désespéré de la vendeuse.

CLIN D'HEURE [klɛ̃dœr] *n. m.*

Regard furtif que l'on jette discrètement à sa montre pour vérifier l'heure à l'insu de son interlocuteur.

CLOPINOIR [klɔpinwar] *n. m.*

Périmètre restreint du trottoir devant un bar où les fumeurs viennent s'agglutiner.

CODOSPHÈRE [kodosfɛr] *n. f.*

Partie du ciel que l'on regarde lorsqu'on fait la queue à un distributeur de billets et que l'on ne veut pas être soupçonné d'espionner le code de son prédécesseur.

COLAUCUL [kolokyl] *n. m.*

Celui qui s'incruste discrètement derrière vous au moment où vous compostez votre billet de métro pour se glisser dans le tourniquet.

COMPLIMENSONGE [kɔ̃plimɑ̃sɔ̃ʒ] *n. m.*

Félicitations que l'on adresse à un ami
pour son livre, son film, ou son exposition,
alors qu'on n'a jamais rien lu ou vu de plus exécrable.

CRIPS [kryps] *n. f.*

Chips que l'on essaie de manger discrètement
au cinéma au moment où le son est particulièrement
fort pour ne pas déranger ses voisins.

*Exemple : Elle profita d'une scène de bagarre
pour croquer rapidement une crips.*

COUCOUVENT [kukuṽɑ] n. m.

Coucou de la main auquel on répond avec enthousiasme, alors qu'il ne nous était pas destiné.

*

COURBITURE [kurbityr] *n. f.*

Flemme intense ressentie les lendemains de soirées agitées et trop arrosées.

D

DÉCONFIDENT [dekɔ̃fidɑ̃] *n. m.*

Personne qui vous rétorque « Mais à qui veux-tu que je le raconte ? » quand vous lui demandez si vous pouvez lui faire confiance, et qui s'empresse de raconter à tout le monde le secret que vous venez de lui confier.

DÉFILOSPHÈRE [defilosfɛr] *n. f.*

Partie du plafond que l'on se met à fixer soudainement lors d'une réunion ou dans une salle de cours, au moment où l'orateur demande si quelqu'un veut prendre la parole.

DÉGARPIR [degarpir] *v.*

Abandonner précipitamment la place où l'on vient de se garer après de longues et difficiles manœuvres, parce qu'on a entendu un bruit de phare brisé.

DENTS DE LA VERT [dɑ̃dəlavɛr] *exp. pop.*

Caractérise le sourire ingénu de celui qui ne s'est pas aperçu qu'un bout de salade est resté coincé entre ses dents.

DÉPOSTILLONNER (se) [depɔstijone] *v.*

Tenter d'essuyer discrètement les postillons que votre interlocuteur envoie à jet continu sur votre visage.

DÉPRÉTIFF [depretif] *adj.*

État de dépression qui survient lorsque vous constatez que votre coiffeur est en train de vous massacrer.

DÉRAPEUTHE [derapøt] *n. m.*

Thérapeute qui a l'art de vous déprimer au lieu de vous remonter le moral.

Exemple : Je sors de chez mon dérapeuthe, je suis au fond du trou.

DÉSAPARTÉ [dezaparte] *n. m.*

Confidence que l'on chuchote en aparté à son voisin de table pendant un dîner bruyant, lorsque l'on s'aperçoit, gêné, que tout le monde vous écoute.

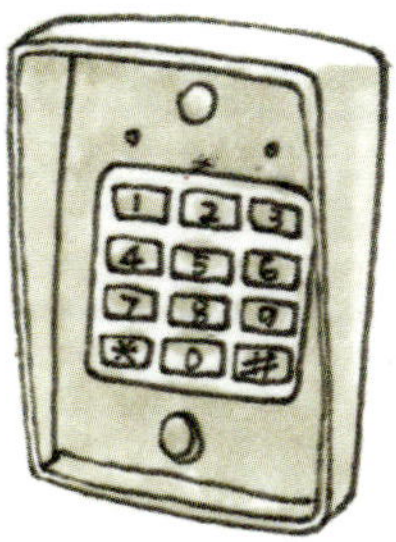

DIGICONNER [diʒikɔne] *v.*

S'apercevoir que l'on a malheureusement oublié le code d'une porte cochère.

Exemple : Ça fait deux heures que j'attends en bas, j'ai complètement digiconné.

E

Encouettement [ɑ̃kwɛtmɑ̃] *n. m.*

Ensemble des manœuvres qu'il faut déployer pour enfiler une couette dans sa housse.

Équilibarriste [ekilibarist] *n.*

Citadin qui tente de rester en équilibre en évitant de toucher la barre poisseuse à l'intérieur du wagon de métro/tramway/bus.

ESCALATORTURE [ɛskalatɔrtyr] *n. f.*

Exaspération que l'on ressent sur un escalator lorsque quelqu'un bloque le passage et que l'on est très pressé.

E-SPIONNER [ispjone] *v.*

Espionner quelqu'un sur le net (googliser, facebooker, copains d'avanter, etc.).

ÉTHYLOMAIL [etilomɛjl] *n. m.*

Mail très chargé en effusions, souvent envoyé à un ex après une forte absorption d'alcool.

Exemple : Lorsque le lendemain, elle s'aperçut avec effroi qu'elle avait envoyé un éthylomail bien gratiné à Julien, elle décida de rentrer dans les ordres.

ENTORTICOLLER [ɑ̃tɔrtikole] *v.*

Impossibilité pour un couple amoureux de se décoller l'un de l'autre.

EXCLAMASTICATION [eksklamastikasjɔ̃] *n. f.*
Son guttural émis en mangeant pour signifier que l'on apprécie. Se reconnaît souvent par un « mmmmh ».

EXPOBLIGATION [ekspobligasjɔ̃] *n. f.*
Obligation sociale que le bobo se donne de faire toutes les expos du moment.

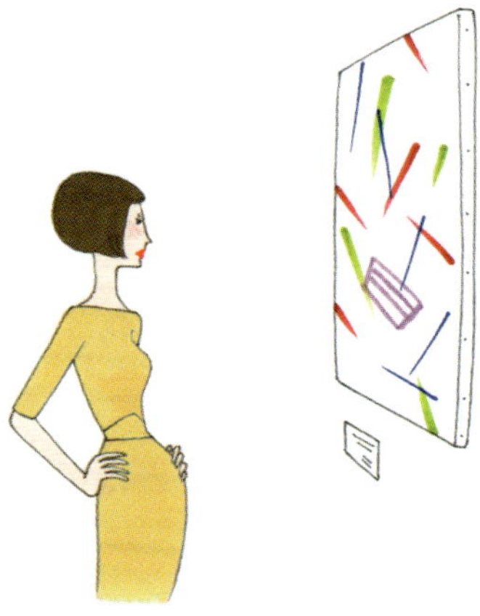

- Il ne me reste plus que Keith Harring, Hopper et Lachapelle et après je suis tranquille pour 2 mois.

F

FÉTIDOMÈTRE [fetidomɛtr] *n. m.*
Méthode, peu fiable, de contrôle de sa propre haleine qui consiste à souffler dans la paume de sa main avant d'inspirer rapidement par le nez.

FEXBOOKER [fɛksbuke] *v.*
Facebooker l'ex de son/sa partenaire.

FIASCOTTE [fjaskɔt] *n. f.*

Biscotte que l'on n'a pas réussi à tartiner sans la briser.

Exemple : Tous les matins, l'haltérophile prévenant essaye de beurrer des fiascottes pour son épouse.

FIASCLUB [fiasklyb] *n. m.*

Caractérise une soirée en boîte de nuit ratée du début à la fin.

Exemple : Samedi soir, le resto était complet, le bar était bondé, et le videur nous a refoulé du Macumba... Un vrai fiasclub.

FIXUNETTES [fiksynɛt] *n. f. pl.*

Lunettes de soleil que les Parisiens s'obstinent à garder même quand il pleut des cordes. Fléau particulièrement frappant rue Montorgueil et le long du Canal Saint-Martin.

FLEURTER [flœrte] *v.*
Tenter de séduire une femme en lui offrant une rose achetée à un vendeur à la sauvette dans un restaurant.

FLICLIC [fliklik] *onom.*
Bruit que fait la ceinture de sécurité qu'on attache précipitamment, lorsqu'on a repéré une voiture de police dans le rétroviseur.

FUNNYRARIUM [fœnirariœm] *n. m.*
Fou rire nerveux et incompressible qui vous prend lors d'un enterrement qui ne vous touche pas directement.

G

GARAMNÉSIE [garamnezi] *n. f.*
Impossibilité de se souvenir de l'endroit où l'on a garé sa voiture la veille au soir.

GRIMASCARA [grimaskara] *n. f.*
Réflexe étrange qui pousse une femme à entrouvrir automatiquement la bouche lorsqu'elle se maquille les yeux.

GRIMASOLDES [grimasolde] *n. f.*
Durant les soldes, stratégie qui consiste à dénigrer par une petite grimace le vêtement choisi par une concurrente, dans le but de l'acquérir par la suite.

GAMELLOEILLADE

Coup d'œil furtif

APRÈS

UNE CHUTE

PARTICULIÈREMENT

RIDICULE

POUR VÉRIFIER

que personne ne nous a vu

H

HASHTAGUEUR [aʃtagœr] *n.*

Se dit d'une personne dont le langage ressemble à un tweet.

Exemple : *On se voit samedi ? Hashtag trophâtedyêtre.*

HAIROTISME [ɛrotism] *n. m.*

Sensation proche de la jouissance lorsque votre coiffeur préféré commence son fameux massage moussant dont il a le secret.

HIÉROGRIFFES [jerogrif] *n. f. pl.*

Hiéroglyphes censés indiquer les instructions de nettoyage sur la griffe d'un vêtement.

Exemple : *Madame Champollion, n'ayant pu déchiffrer les hiérogriffes, constata en ouvrant son lave-linge que son pull en cachemire s'était transformé en brassière deuxième âge.*

HIPSTERTROPISME [ipstərtropism] *n. m.*

Inclinaison du citadin pour les lieux branchés où l'on trouve des hipsters.

I

IMPASCÉLÉBRITÉ [ɛ̃paselebrite] *n.*
Acte de feindre l'indifférence face à une célébrité, alors qu'on meurt d'envie de la prendre en photo.

INCOMPAINTIBILITÉ [ɛ̃kɔ̃pɛ̃tibilite] *n. f.*
Inadéquation persistante entre la quantité de fromage que l'on s'est servie et la quantité de pain correspondante, qui contraint à se resservir indéfiniment de l'un puis de l'autre, sans jamais parvenir à les faire coïncider.

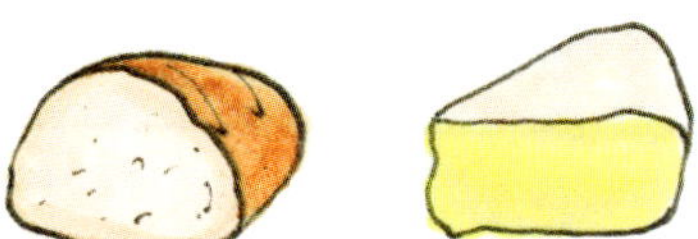

IPODIEN, IENNE [ajpodjɛ̃] [jɛn] *n.*
Créature reconnaissable aux deux cordons qui lui sortent des oreilles.
Exemple : *Il réalisa avec effroi que tous les passagers du wagon étaient des iPodiens, à commencer par lui-même.*

INCOGNITAUPE
[ɛkoɲitop] n. m.

Regard myope et absorbé qu'on adopte dans la rue lorsqu'on croise une personne qu'on connaît et qu'on souhaite éviter.

*

J

JAPANAME [ʒapanam] *n.*
Tendance à se croire spécialiste nippon sous prétexte que l'on commande régulièrement un menu D7 au restaurant japonais du coin.

JARDINUSCULE [ʒaʁdinyskyl] *n. m.*
Minuscule terrasse de citadin sur laquelle il arrive à la fois à barbecueter, bronzer et même jardiner.

JOCONDER [ʒakɔ̃de] *v.*

Gratifier quelqu'un d'un sourire niais façon Léonard de Vinci.

JUSTATEMPTISTE [ʒystatɑ̃tist] *n. m.*

Personne qui part à un rendez-vous à l'heure où elle est censée y arriver.

JUSQUAUBOOKISME [ʒyskobukism] *n. m.*

Lorsque l'on s'acharne à lire et relire un livre sans parvenir à dépasser la onzième page, mais qu'on ne se résout pas à abandonner tant les critiques sont excellentes.

L

LANGUETTE-AU-CHAT [lɑ̃gɛtoʃa] *n. f.*

Introuvable languette de fil rouge ou pire, transparent, censée faciliter l'ouverture du film plastique qui entoure les CD, les DVD, etc.

LIBIDÎNER [libidine] *v.*

Inviter à dîner dans l'espoir de finir au lit.

LOCATIONITE-AIGUË [locasionit-egy] *n. f.*
Maladie dépressive du locataire parisien quand il comprend qu'il ne pourra jamais acheter dans Paris vu le prix de l'immobilier.

LORGNIETTE [lɔrɲɛt] *n. f.*
Penchant frénétique à toujours lorgner avec envie l'assiette de son voisin au restaurant, et à regretter la sienne.

LOUPNETTES [lupnɛt] *n. f. pl.*
Loup blanc qu'arborent à leur retour des sports d'hiver les vacanciers qui ne retirent jamais leurs lunettes de soleil sur les pistes.

M

MAC-ADRAME [makadram] *n. m.*

Tragédie causée par un clic inopportun
sur son ordinateur qui provoque
la suppression irréversible d'un document.

MAILODRAME [mɛlodram] *n. m.*

Drame provoqué par un mail intime que vous avez expédié par mégarde à tout votre carnet d'adresses.

MANIFESTIF [manifɛstif] *n. m.*
Jeune urbain qui va à des manifestations juste pour boire des coups et chanter « C'est la lutte finale ».

MALÉDILIB [maledilib] *n. f.*

Paranoïa déclenchée après avoir crevé avec un Vélib', déraillé avec un autre, frôlé la mort avec des freins défectueux et cherché pendant des heures une station pour se garer.

MEETICOMANE [mitikoman] *n. m.*

Couple prétendant qu'il s'est rencontré à une soirée pour ne pas avouer que c'était en fait sur Meetic.

MEILLEURITE [mɛjœrit] *n. f.*

Altération du discernement de celui qui prétend toujours avoir trouvé le meilleur hamburger, le meilleur mojito, la meilleure soupe, ou le meilleur bo bun de sa ville.

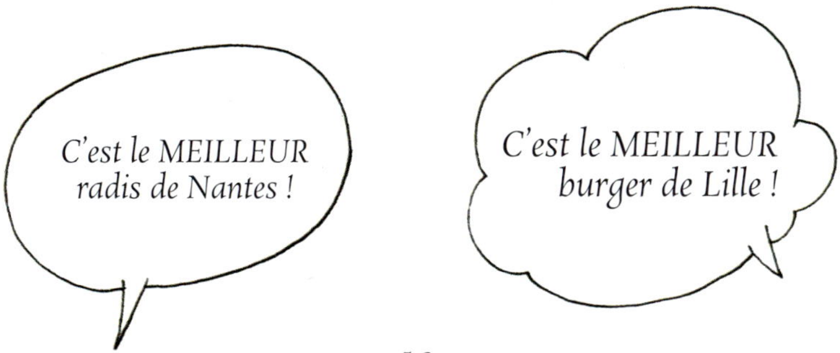

MESSINÉMA [mɛsinema] *n. m.*

Ami providentiel que l'on découvre au début d'une immense queue devant un cinéma et qui permet de passer devant tout le monde.

MÉTROMATAGE [metromataʒ] *n. m.*

Action de fixer quelqu'un dans le métro, sans oser l'aborder.

MÉTRONCHE [metrɔ̃ʃ] *n. m.*

Attitude neutre que l'on adopte dans le métro pour ne pas se faire remarquer.

MÉTROTUTÊTE [metrotytɛt] *n.*

Personne qui fredonne très fort et très mal les paroles de la chanson qu'elle est en train d'écouter dans le métro.

MÉTROBOBARD [metrobobar] *n. m.*

Mensonge utilisé dans le métro pour faire croire qu'on arrive bientôt alors que l'on n'est pas encore parti.

- Je suis à Châtelet, j'arrive dans 2 minutes !

MINUTROSE [minytroz] *n. f.*

Bouffée d'angoisse qu'un Francilien ressent quand il vient de louper son métro et que le prochain n'arrive « QUE » dans 2 minutes.

MONOPTAMBULE [monɔptɑ̃byl] *n.*

Individu qui profite de la nocturne du Monoprix pour faire son shopping à 22 heures.

MÉTROTARD [metrotar] *adv.*

Fait de se précipiter sur le quai du métro pour constater que les portes se referment juste devant vous.

Monoloquer [monoloke] *v.*

Manie qui consiste à entamer une conversation avec ses voisins de table sans se rendre compte qu'elle se transforme peu à peu en monologue.

*

JE MONOLOQUE

TU MONOLOQUES

IL MONOLOQUE

NOUS MONOLOQUONS

VOUS MONOLOQUEZ

ILS MONOLOQUENT

*

Moutonner [mutone] v.

Regarder dans la même direction que son voisin, qui regarde dans la même direction que son voisin, qui regarde dans la même direction que son voisin, sans savoir pourquoi.

*

N

NICOPATHE [nikopat] *n.*

Fumeur qui a la mauvaise habitude de ne jamais avoir de cigarettes sur lui en espérant qu'il pourra toujours taxer un autre fumeur.

NINVITATION [nɛ̃vitasjɔ̃] *n. f.*

Invitation que l'on fait par devoir ou par obligation en espérant que les personnes ninvitées ne seront pas libres ce jour-là.

NOCTISIEN [nɔktisiɛ̃] *n. m.*

Fêtard toujours fier de faire remarquer qu'il a plusieurs soirées en même temps.

Exemple : Il fut frappé par la jalousie lorsqu'il s'aperçut que son collègue, avec ses 6 soirées en même temps, était un plus grand noctisien que lui.

NO MAIN'S LAND [nomɛ̃slɑ̃d] *n. m.*

Partie du dos que la main n'arrive pas à atteindre lorsque l'on a une furieuse envie de se gratter.

NOUVELOOSE [nuvɛluz] *n. m.*

Nouvel An raté de A à Z.

O

OBSESSENCE [ɔbsɛsɑ̃s] *n. f.*
Besoin obsessionnel de parvenir à un chiffre rond lorsqu'on prend de l'essence à une station libre-service, au risque de faire déborder son réservoir.

OUBLISTE [ublist] *n. f.*
Longue liste de courses que l'on oublie systématiquement sur la table de la cuisine quand on va au supermarché.

P

PAINSUM [pɛ̃sœm] *n. m.*
Partie du pain au chocolat où il n'y a pas de chocolat.

PARIBOLE [paribɔl] *n. m.*
Râleur de province qui déteste Paris et le fait savoir.

PAILLASSONNER [pajasɔne] *v. intrans.*
Reste à bavarder sur le pas de la porte après une soirée alors que vous vous êtes déjà tout dit et que vous tombez de sommeil.

PARA-PET [parapɛ] *n. m.*

Bruit provoqué par le frottement d'un pantalon sur un siège en cuir que l'on fait entendre plusieurs fois pour bien signaler à ses voisins que le premier bruit n'était pas d'origine intestinale.

PAS-DE-SOUCISTE [pa-de-susist] *n.*

Celui ou celle qui répond toujours « Y a pas de souci », quelle que soit la question qu'on lui pose.

PÉRIPHOBIE [perifobi] *n. f.*

Peur panique d'aller au-delà du périph' parisien.

PICARDER [picarde] *v.*

Offrir à ses convives un dîner entièrement composé de surgelés.

PARITHONIEN [paritɔnjɛ̃] *n.*

Parisien toujours pressé.

- C'est possible de déjeuner en 12 minutes ?

PÂTIPANIQUE [patipanik] *n. f.*

Inquiétude devant la vitrine d'un boulanger-pâtissier au moment de faire un choix particulièrement délicat.

- Vous avez choisi ?

PROCRAFIXER [prokrafikse] *v.*

Envisager de se voir sans jamais le faire.

Exemple de procrafixation :

- Il faut absolument qu'on se voie !

- C'est clair ! On s'appelle ?

- OK, on s'appelle !

PROJETTISER [proʒetize] *v.*

Acte de multiplier les projets en soirée sans jamais les concrétiser.

Exemple : Pendant le dîner il n'a cessé de projettiser de faire le tour du monde et d'élever des chèvres dans le Larzac.

PLACE D'ATTENTE [plasdatɑ̃t] *n. f.*

Place immense des grandes villes où les gens se donnent rendez-vous et ont besoin de 4 coups de fil et 7 textos pour essayer de se retrouver.

PSEUDOCCUPÉ [psødokype] *adj.*

Faire semblant d'être occupé au téléphone pour se donner une contenance en attendant son rencard.

PURGATIROIR [pyrgatirwar] *n. m.*

Tiroir où l'on relègue en vrac les stylos sans capuchon, les colliers sans fermoir et les lunettes sans branches, dont on ne se servira plus jamais.

Q

QUARTIÉCENTRIQUE [kartjesɑ̃trik] *n. m.*

Égoïste proposant toujours ses rendez-vous dans les restos ou les bars de son quartier, ou même de sa rue.

QUIPROBISE [bizbij] *n. f.*

Situation gênante survenant à l'occasion d'une embrassade : incertitude quant au nombre de bises à donner (1, 2, 3 ou 4 ?)

R

RÂLECTRIQUER [ralɛktrike] *v.*

Pester contre un appareil électrique qui ne fonctionne pas (cafetière, grille-pain, bouilloire) et se rendre compte finalement qu'il n'était pas branché.

RÉSAFLIRTER [rezafloete] *v*

Tenter d'amadouer la personne qui prend les réservations d'un resto complet pour essayer d'avoir une table.

RESTAURANTÉRITE [restorɑ̃terit] *n. f.*

Bistrot régurgitant ses clients trop nombreux sur le trottoir.

RÉVEILLOTTER [revɛjote] *v.*

Acte de repousser 4 fois l'heure du réveil pour finalement ne pas se réveiller et arriver en retard.

RÉVEILLOUF [revɛjuf] *n. m.*

Joie immense ressentie au réveil, quand on se rend compte qu'il reste encore 2 heures de sommeil.

REVENARD [rəvənar] *n.*

Personne terminant systématiquement ses mails par « Je reviens vers vous ».

S

SECOUTOURISTE [səkuturist] *n.*

Bénévole qui n'hésite pas à se précipiter vers un touriste lorsque celui-ci essaye, en vain, de déchiffrer un plan de la ville.

SEXTOTER [sɛkstote] *v.*

Envoyer des textos à caractère sexuel.

Soixante-twittard [swasɑ̃t-twitar] *n.*

Personne de l'âge de Bernard Pivot qui s'est mise à twitter mais qui maîtrise encore mal la technique.

Exemple : Tu te rends compte, il a twitté : « #veuillez#bien#me#suivre#sur#twitter#cordialement#Bernard# »

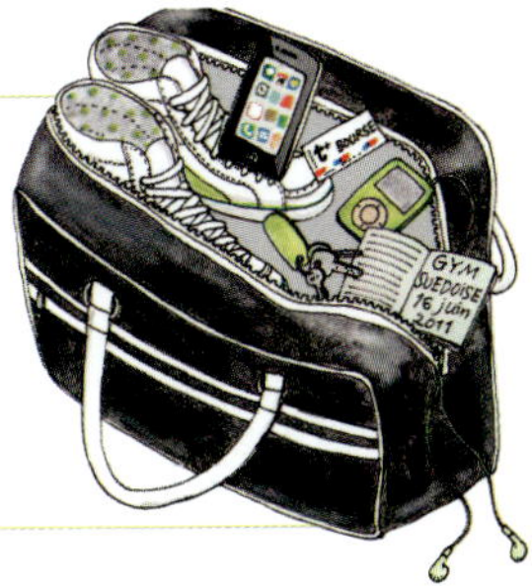

Soukamain [sukamɛ̃] *n. f.*

Sac à main de femme bordélique.

Stoïquofile [stoikofil] *n. f.*

Victime de la mode capable d'attendre des heures sans broncher pour réussir à entrer à une vente privée.

Strapontiner [stʁapɔ̃tine] *v.*

Rester assis dans le métro sur un strapontin malgré l'affluence.

SPÉCUMARCHÉ [spekymarʃe] *n. m.*

Épreuve sportive se pratiquant en supermarché et consistant à choisir la caisse la plus rapide, en spéculant sur le contenu des Caddies, l'âge des clients et la tête de la caissière.

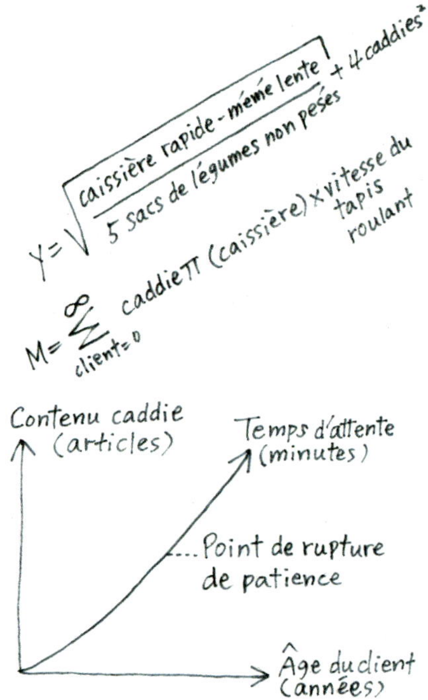

STUPÉFEINTE [stypefɛ̃t] *n. f.*
Surprise que l'on doit feindre lorsque quelqu'un vous livre un secret que vous connaissez déjà.

SYMPATISME [sɛ̃patism] *n. m.*
Mouvement qui consiste à qualifier toutes les soirées, dîners, et autres week-ends de « sympa ».

T

TARTABOU [tartabu] *n. m.*

Dernière part de tarte restant dans le plat, que tout le monde a envie de dévorer mais que personne n'ose prendre.

TAXIMUFLE [taksimyfl] *n. f.*

Malotru qui n'hésite pas à brûler la politesse dans une file d'attente de taxis.

TCHERNOBULLE [tʃɛrnobyl] *n. f.*
Nuage qui flotte au-dessus des fumeurs à une terrasse de café ou à l'entrée d'un immeuble de bureaux.

TÉGÉVEIL [teʒevɛj] *n. m.*
Réveil en sursaut dans le TGV en se demandant paniqué si notre voisin nous a entendu ronfler.

TÉLEXCUSE [telɛkskyz] *n. f.*
Excuse téléphonique que l'on invoque pour s'éclipser lorsque survient une scène érotique dans le film que l'on regarde avec ses vieux parents.

Exemple : Comme télexcuse elle prétexta un coup de fil urgent à passer.

TÉLOPATHE [telopat] *n.*
Celui qui est accroché à son téléphone dans les transports en commun et commente activement sa vie intime sans se soucier de ses voisins.

TERRASSOPHILE [teʁasofil] *n.*
Citadin qui, au moindre rayon de soleil, dégaine short, tongs et lunettes avant de se ruer sur une terrasse de café.

- Vite, ils annoncent 7 minutes d'éclaircie !

TEXCUSE [tɛkskyz] *n. f.*

Excuse bidon envoyée par texto pour annuler un rendez-vous à la dernière minute ou justifier un retard.

Top 5 des texcuses

« Grosse soirée hier, pas frais, dors encore, jte rappelle. »

« Suis avec Annabelle, elle vient de se faire larguer, suis coincé. On se voit le we pro ? »

« Réu de dernière minute, suis bon pour la nocturne ! On reporte. »

« Bloqué depuis 25 min dans le métro, impossible de trouver un taxi. Je craque. Tu m'en veux pas ? »

« Début de la saison 4 de Game of Thrones*, sorry, cas d'urgence. »*

TOPFLOP [tɔpflɔp] *onom.*

Parler avec enthousiasme d'un endroit que l'on croit peu connu et qui est déjà très à la mode.

Exemple : Tu connais le Wanderlust ? s'exclama-t-elle. Le regard méprisant de son interlocuteur lui fit comprendre qu'elle avait commis un topflop.

TOURISTOPHOBIE [tuʁistofobi] *n. f.*
Espèce d'allergie saisonnière aux touristes lorsque l'on est soi-même en vacances.

TOURNARNAQUEUR [turnarnakœr] *n.*
Personnage d'apparence joviale qui annonce fièrement qu'il paye sa tournée et réalise subitement qu'il a oublié sa carte Bleue.

TOUTAFISTE [tutafist] *n.*
Personne qui remplace tous ses « oui » par des « tout à fait ».

TROUGÉDIE [truʒedi] *n. f.*
Scène de désespoir suite à la découverte d'un trou dans son collant.

TUVOYER [tyvwaje] *v.*

Acte de balancer entre le tutoiement et le vouvoiement avec une personne que l'on connaît à peine.

TYPICALISTE [tipikalist] *n. m*

Manie insupportable de l'interlocuteur qui ajoute « typiquement » dans chacune de ses phrases.

Exemple : Typiquement, ce qui m'énerve chez elle, c'est qu'elle dit tout le temps typiquement.

TWEESTER [twiste] *v.*

Tenter de tordre dans tous les sens le texte de son tweet pour qu'il tienne en 140 signes.

V

VÉLOFLIP [veloflip] *n. m*

Stress qui survient lorsque vous ne trouvez pas de borne Vélib' libre pour y laisser votre vélo. S'oppose radicalement au Vélokif qui caractérise l'orgasme qui fait suite au bonheur d'avoir trouvé une place libre.

VÉLOCRATE [velocrat] *n.*

Cycliste qui se croit tout permis, en roulant sur les trottoirs et en grillant les feux rouges.

VIDURE [vidyr] *n. m.*

Videur de boîte de nuit qui se comporte comme une ordure.

- Impossible, c'est « soirée privée ».

VENDAUTOMATE [vɑ̃dotolat] *n. m.*
Automatisme chronique qui frappe la plupart des vendeuses adeptes des inévitables : « ça va avec tout », « ça va se détendre », ou même, « ça, ça part au lavage ».

VINTAMARRE [vɛ̃tamar] *n.*
Vacarme assourdissant que font les bouteilles en verre en tombant dans les containers le lendemain d'une soirée arrosée, alors que l'on a tout fait pour les faire glisser discrètement.

W

WOUHOUSONG [ju'usɔ̃g] *n. f*

Chanson qui déclenche systématiquement un « wouhouuuu » général dès ses premières notes.

Exemple : *Nous discutions tranquillement autour d'un verre quand elle a entendu une wouhousong et a crié « ça c'est ma chanson ! » avant de rejoindre la piste.*

WAGONPOISSE [vagɔ̃pwas] *n. f.*
Malchance du Francilien qui tombe toujours sur le wagon de métro où se produit un pseudo-accordéoniste et sa sono ambulante.

Y

YOGAGA [jogaga] *n. m.*
Personne qui ne peut plus commencer une journée sans son yoga.

LES PAGES QUI VOUS MANQUENT

QUOTIDIEN

SORTIES

TRANSPORTS

VACANCES

Composé par Nord Compo
à Villeneuve-d'Ascq (59)

Imprimé en France par
Loire Offset Titoulet
à Saint-Étienne (42)
en octobre 2014

POCKET - 12, avenue d'Italie - 75627 Paris cedex 13

Dépôt légal : novembre 2014
S24940/01